새신자 교육 교재

하나님과 만남을 위하여

박병창

비전북하우스

새신자 교육 교재
하나님과 만남을 위하여

초판 1쇄 발행 | 2023년 4월 20일

저　자 | 박병창
펴낸이 | 이종덕
펴낸곳 | 비전북하우스

교　정 | 이현아　　디자인 | 권현정
표　지 | 권현정　　공급처 | 도서출판 소망사
　　　　　　　　　전　화 | 031-976-8970
　　　	　　　　　팩　스 | 031-976-8971

ⓒ 박병창 2023

등　록 | 제2009-8호(2009.05.06.)
주　소 | 01433 서울시 도봉구 해등로 25길 41
전　화 | 010-8777-6080
메　일 | lid630@hanmail.net

정　가 | 10,000원
ISBN | 979-11-85567-36-5　03230

* 이 책의 저작권은 저자가 가지고 있습니다.
　저자와 출판사의 허락없이 책의 내용이나 퓨지를 인용하거나 복제할 수 없습니다.

새신자 교육 교재

하나님과 만남을 위하여

추천의 글 1

구원으로 가는 가이드

평소에 늘 존경하며 오랜 세월(1994년부터) 함께 교제하는 박병창 목사님께서 새신자 성경공부 교재를 출간하시게 된 것을 먼저 진심으로 축하드립니다.

교회를 개척해서 30여 년을 목양하시고, 은퇴 후에도 복음의 열정을 선교지에 쏟으시고자 연약한 몸으로 인도네시아에서 4년이 넘게 영혼 구령에 힘쓰신 박 목사님께서 여전히 죄인을 구원하라는 주님의 명령을 받들고 계신 중 이렇게 구원의 복음을 신자들이 이해하기 쉽게 성경공부 교재를 출간하시니 참으로 그 열정에 주님께서 큰 복으로 임해 주시리라 믿습니다.

본 저서는 신학책도 아니고 간증집도 아닙니다. 성경에 계시해 준 구원의 도리를 구원론적 입장에서 자세하고 알기 쉽게 그리고 이해하기 쉬운 문체로 저술하셨습니다. 총 16과이지만 15개의 주제로 신자라면 반드시 알아야 할 내용을 서술한 이 책은 웨스트민스터 신앙고백서의 교훈에 따라 그 내용을 열거하시고 있습니다.

교재 안에서 인간의 기원과 타락, 하나님의 사랑을 소개하며 그 죄로부터 구원받기 위해서 하나님께서 약속해 주신 것을 바탕으로 인간에게 요구되는 내용을 서술하시고 구원의 확신을 가지고 그리스도인으로서 참된 믿음 생활이 어떤 것인지를 기술하고 있습니다. 그리고 기독교인으로서 반드시 알아야 할 성경과 삼위일체 하나님, 교회와 교회 생활 및 승리의 삶이 어떤 것인지를 가르쳐주는 좋은 성경공부 교재이기에 기쁜 마음으로 적극 추천합니다.

하나님의 한 작은 종 서창원 목사
전 총신대 신대원 역사신학 교수

추천의 글 2

새 가족 양육자들에게 큰 힘

존경하는 박병창 목사님의 신간 「하나님과 만남을 위하여」를 추천하게 되어 큰 영광으로 생각합니다.

박병창 목사님은 1981년 동암교회를 개척하신 후 인근에 초대형 교회가 있음에도 불구하고 교회를 건강하게 성장시키셨습니다. 건강 악화로 32년 동안의 목회를 마치셨지만 교회를 먼저 생각하는 목사님의 마음이 있으셨기에 조기 은퇴를 결정하실 수 있으셨을 것입니다. 이후 후임 목사에게 부담을 주지 않으시려는 마음으로 인도네시아 선교사로 사역하셨습니다. 이 같은 목사님의 삶 위에 동암교회가 서 있습니다.

"한 영혼을 위해 들판을 헤매는 것이
주님의 정신이요 동암교회의 정신이다."

동암교회는 대형 교회는 아니지만 작은 교회도 아닙니다. 교회 간판만 걸어놓아도 교회가 부흥하는 시대가 있었다지만 동암교회가 소재한 암사동의 모든 교회가 성장하지는 못했습니다. 그러나 동암교회는 하나님이 보내주신 한 영혼을 귀하게 여기는 박병창 목사님의 목회 철학이 있었습니다. 언제나 목사님은 성도들의 가정으로 찾아가서 함께 사셨습니다. 일터에 찾아가서 힘을 복돋아 주셨습니다.

오늘날 매끈하게 쓰여진 새 가족 양육 교재들이 많이 있습니다. 이에 반해 본서는 박병창 목사님의 삶으로 보여주신 신앙과 목회 그리고 영혼 사랑이 하나의 큰 지평이 되어 고스란히 담겼습니다. 본서는 양육자만의 일방통행이 아니라 새 가족과 함께 하나님을 알아갈 수 있도록 구성이 되어 있어서 새 가족들이 하나님을 알아가는 지름길이 될 것이며, 목회자는 물론이고 주의 교회를 섬기는 수많은 새 가족 양육자들에게 큰 힘이 되어줄 것입니다.

진대훈 목사
동암교회 담임

서문

하나님은 세상을 창조하시고, 인간을 창조하셨습니다.

인간을 창조하실 때는 하나님의 형상대로 창조하시고, 세상을 다스리는 특권도 주셨습니다. 그리고 생육하고 번성하라고 복도 주셨습니다. 창조하시는 과정에서 하나님은 세상을 창조하신 후에는 "보시기에 좋았더라" 하시고, 사람을 창조하신 후에는 "보시기에 심히 좋았더라"고 하셨습니다.

사람은 하나님이 지으신 세상에서 자유와 평화를 누리며 살았습니다. 그런데 인간은 하나님이 주신 자유의지를 가지고 마귀의 유혹을 받아 죄를 지었고, 그 후에는 하나님이 인간을 떠나시고, 인간도 하나님을 떠났습니다. 그때부터 고난이 찾아왔고, 평화를 잃어버렸습니다.

인간은 점점 죄에 깊이 빠졌고, 고난은 더욱 심해졌습니다. 인간은 평화를 찾아야 합니다. 평화의 길은 죄를 씻고, 하나님을 만나야 하는 것입니다. 사람들은 건강하고 경제적 부를 누리면 성공했다고 합니다. 인생의 목표를 경제적 부로 알고 살아가고, 국가의 목표도 경제적 부를 향해 달려갑니다. 현실적으로 경제적 부는 중요합니다. 우리도 건강하고 경제적 부를 누리면 좋습니다. 그러나 영적, 정신적 평화는 더욱 중요합니다.

이 작은 책자가 하나님을 만나고, 영적 평화를 찾는데 도움이 되었으면 좋겠습니다. 글을 쓰고 보니 부족한 점이 너무도 많습니다. 그러나 끝까지 읽고 공부하면 하나님이 주시는 자유와 평화를 경험하시리라 믿습니다. 이 책을 접하는 모든 분들 위에 하나님의 크신 은혜가 임하시기를 소원합니다.

박병창

생명의 양식

성경은 영혼을 살게 하는 생명의 양식입니다. 영원한 평화의 세계로 인도하는 필수불가결한 지침서입니다. 다음 성경 구절은 초신자 시절에 암송할 성경 말씀입니다. 매일 반복해서 읽고 암송하면 좋습니다.

1. 기록된 바 의인은 없나니 하나도 없으며, 깨닫는 자도 없고 하나님을 찾는 자도 없고(로마서 3장 10-11절)

2. 오직 너희 죄악이 너희와 너희 하나님 사이를 갈라 놓았고, 너희 죄가 그의 얼굴을 가리어서 너희에게서 듣지 않으시게 함이니라 (이사야 59장 2절)

3. 한번 죽는 것은 사람에게 정해진 것이요 그 후에는 심판이 있으리니(히브리서 9장 27절)

4. 하나님이 세상을 이처럼 사랑하사 독생자를 주셨으니 이는 그를 믿는 자마다 멸망하지 않고 영생을 얻게 하려 하심이라(요한복음 3장 16절)

5. 그러므로 모든 육체는 풀과 같고 그 모든 영광은 풀의 꽃과 같으니 풀은 마르고 꽃은 떨어지되(베드로전서 2장 24절)

6. 우리는 다 양 같아서 그릇 행하여 각기 제 길로 갔거늘 여호와께서는 우리 모두의 죄악을 그에게 담당시키셨도다(이사야 53장 6절)

*매일 반복해서 읽고 암송합니다

7. 볼지어다. 내가 문 밖에 서서 두드리노니 누구든지 내 음성을 듣고 문을 열면 내가 그에게로 들어가 그와 더불어 먹고 그는 나와 더불어 먹으리라(요한계시록 3장 20절)

8. 영접하는 자 곧 그 이름을 믿는 자들에게는 하나님의 자녀가 되는 권세를 주셨으니(요한복음 1장 12절)

9. 너희는 그 은혜에 의하여 믿음으로 말미암아 구원을 받았으니 이것은 너희에게서 난 것이 아니요 하나님의 선물이라. 행위에서 난 것이 아니니 이는 누구든지 자랑하지 못하게 함이라(에베소서 2장 8-9절)

10. 내가 진실로 진실로 너희에게 이르노니 내 말을 듣고 또 나 보내신 이를 믿는 자는 영생을 얻었고 심판에 이르지 아니하나니 사망에서 생명으로 옮겼느니라(요한복음 5장 24절)

11. 또 증거는 이것이니 하나님이 우리에게 영생을 주신 것과 이 생명이 그의 아들 안에 있는 그것이니라. 아들이 있는 자에게는 생명이 있고, 하나님의 아들이 없는 자에게는 생명이 없느니라(요한일서 5장 11-12절)

12. 그런즉 누구든지 그리스도 안에 있으면 새로운 피조물이라 이전 것은 지나갔으니 보라 새 것이 되었도다(고린도후서 5장 17절)

추천의 글 1. 서창원 목사(전 총신대 교수) • 4
추천의 글 2. 진대훈 목사(동암교회) • 6
서문 • 8
생명의 양식 • 10

CHAPTER 1 죄(罪) • 14

CHAPTER 2 하나님의 사랑 • 17

CHAPTER 3 회개(悔改) • 22

CHAPTER 4 신앙(信仰) • 26

CHAPTER 5 중생(重生) • 31

CHAPTER 6 구원(救援)의 확신 • 36

CHAPTER 7 그리스도인의 생활 1 • 42

CHAPTER 8 그리스도인의 생활 2 • 47

차례

CHAPTER 9 성장(成長) • 51

CHAPTER 10 성경(聖經) • 55

CHAPTER 11 하나님 • 59

CHAPTER 12 예수 그리스도 • 63

CHAPTER 13 성령님 • 67

CHAPTER 14 교회(敎會) • 71

CHAPTER 15 교회 회원(會員) • 74

CHAPTER 16 승리의 생활(生活) • 78

정답 • 83

죄(罪)

인간은 아름답고 귀중한 존재입니다. 하나님은 세상을 창조하시고 인간을 창조하실 때는 하나님의 형상대로 창조하시고, 영혼을 가지게 하셨기 때문입니다(창 2:7). 그러므로 인간은 하나님과 교통할 수 있고, 하나님과 함께할 수 있는 영원한 존재입니다. 하나님은 인간에게는 특권도 주셨습니다. 모든 생물을 다스리는 권세를 주신 것입니다(창 1:28).

그러나 인간은 죄인이 되었습니다. 하나님이 주신 자유의지를 가지고, 하나님의 법을 어겼기 때문입니다(창 3:3-6). 법을 어기면 죄가 되고, 죄는 하나님을 떠나게 합니다. 죄를 지으므로 하나님이 떠나시고, 인간도 하나님을 떠났습니다. 사람은 하나님을 떠나서는 결코 행복할 수 없는 존재입니다. 죄는 불법입니다. 하나님이 주신 법을 어긴 것입니다.

1. 요한일서 3:4절을 보면

"죄를 짓는 자마다 (   )을 행하나니 죄는 (   )이라"고 하여 죄가 (   )이라고 했습니다.

2. 성령님이 하지 말라고 우리에게 말씀하신 것을 했을 때 우리는 심령의 불편함을 느낍니다. 양심의 가책으로 느껴집니다. 말씀을 거역하는 것이 죄라고 사도 바울은 말하고 있습니다. 그러므로 인간은 모두가 죄인입니다. 성경에는 그것을 누가 하나도 없다고 했나요?

"기록된 바 (   )은 없나니 하나도 없으며"(롬 3:10)

3. 죄의 결과는 무엇일까요?

1) 로마서 6:23절에서의 죄의 결과
  "죄의 삯은 (   )이요"
2) 히브리서 9:27절에서의 죄의 결과
  "한번 죽는 것은 사람에게 정해진 것이요 그 후에는 (   )

이 있으리니"

이렇게 죄의 결과로는 (　　)과 (　　)인 것입니다. 하나님 나라에는 법이 있으니 죄의 결과에 따른 심판이 있습니다. 하나님은 거룩하시기 때문에 죄에는 반드시 심판을 내리십니다. 하나님의 법은 하나님도 꼭 지키십니다.

4. 당신이 범한 죄가 어떤 결과를 가져옵니까? 관계성과 짝을 지어보세요.

1) 로마서 6:23　(　　)
2) 골로새서 1:21　(　　)
3) 마태복음 25:46　(　　)
4) 요한복음 3:36　(　　)
5) 요한복음 3:18　(　　)

ⓐ 하나님과 원수가 됨
ⓑ 하나님의 진노를 사게 됨
ⓒ 심판을 받음
ⓓ 죽음(사망)
ⓔ 영원한 형벌

하나님의 사랑

　죄로 말미암아 인간은 하나님과의 관계가 깨어졌습니다. 이사야 59:2절에서는 죄악이 하나님과 인간 사이를 갈라놓았다고 했고, 에베소서 2:14절에는 하나님과 인간 사이에 막힌 담이 있다고 했습니다.

　하나님 나라의 법은 위대하지만 무섭습니다. 죄로 인하여 고난(苦難)과 심판(審判)과 멸망(滅亡)이 인간 앞에서 기다리고 있게 되었습니다. 그러나 하나님은 사랑의 하나님이십니다. 사랑이 법을 이깁니다. 하나님의 사랑이 죄로 인한 심판을 덮어버리게 하십니다.

1. 하나님과 인간관계 차단

이사야 59:2절을 읽어보세요. 우리와 하나님 사이를 갈라놓은 것이 무엇인가요?

"오직 너희 (   )이 너희와 너희 하나님 사이를 갈라놓았고, 너희 죄가 그의 얼굴을 가리어서 너희에게서 듣지 않으시게 함이니라"

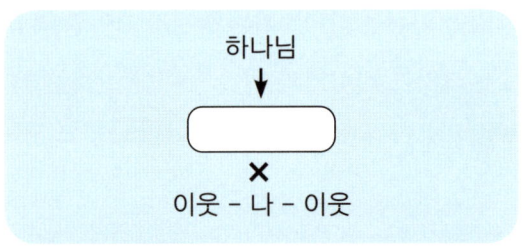

2. 죄의 결과에 대한 믿음

죄라는 것을 어렵게 생각하면 안됩니다. 아주 간단합니다. 하나님 말씀을 어긴 것이 죄입니다. 하와가 바로 그런 행동을 했습니다. 그 말씀을 어긴 행동으로 영벌(永罰)을 받게 되었고, 사탄의 지배를 받게 된 것입니다. 하나님께서는 하와를 구원하실 방법을 말씀하시면서 하와를 유혹한 사탄에게 여자와도 여자의 후손하고도 이러한 관계가 될 것이라고 말씀하셨습니다.

"내가 너로 여자와 (   )가 되게 하고 네 후손도 여자의 후손과 (   )가 되게 하리니 여자의 후손은 네 머리를 상하게 할 것이요 너는 그의 발꿈치를 상하게 할 것이니라 하시고, 또 여자에게 이르시되 내가 네게 임신하는 고통을 크게 더하리니 네가 수고하고 자식을 낳을 것이며, 너는 남편을 원하고 남편은 너를 다스릴 것이니라 하시고"(창 3:15-16)

3. 하나님의 사랑의 상징

하나님은 죄로 인해 영벌에 처할 수밖에 없는 인간들에게 구원을 약속하시고, 그 구원을 실천하십니다. 그 구원의 과정에 반드시 중요한 역할을 하시는 분의 이름이 나오는데 그 칭호를 성경에서는 뭐라고 표현하고 있나요?

"곧 창세 전에 그리스도 안에서 우리를 택하사 우리로 사랑 안에서 그 앞에 거룩하고 흠이 없게 하시려고 그 기쁘신 뜻대로 우리를 예정하사 (   )로 말미암아 자기의 아들들이 되게 하셨으니"(엡 1:4-5)

4. 하나님의 사랑 실천

하나님께서 세상을 사랑하시고 구원하시기 위해서 이미 창세기 3장에서 보여주셨던 과정을 진행하셨습니다(창 3:21). 요한은 성경에서 하나님이 주신 분이 누구인가로 알려주고 있습니다.

"하나님이 세상을 이처럼 사랑하사 (   )를 주셨으니 이는 그를 믿는 자마다 멸망하지 않고 영생을 얻게 하려 하심이라"(요 3:16)

5. 하나님의 배려

하나님은 인간을 조건 없이, 차별 없이 사랑으로 맞아주십니다. 그리고는 회개하고 찾아오는 그들에게 편안하게 해 주시겠다고 하시면서 주신 말씀이 있습니다.

"수고하고 무거운 짐 진 자들아 다 내게로 오라. 내가 너희를 (   )게 하리라"(마 11:28)

6. 하나님이 주신 길

하나님은 모든 사람을 아무런 조건 없이 구원해 주시는 것은 아닙니다. 상상을 초월하는 희생을 감내하셨고, 사랑을 베푸셔서 길이요 진리요 생명이신 예수님을 통해서만이 구원을 받을 수 있게 하셨으며, 그분만을 통해서 하나님께 갈 수 있도록 하셨습니다. 요한복음 14;6절에서 그 길이 유일하다는 의미로 말씀하신 문구가 바로 이것입니다.

"예수께서 이르시되 내가 곧 길이요 진리요 생명이니 (　　　　　　　) 아버지께로 올 자가 없느니라"(요 14:6)

7. 하나님의 노력

구원의 유일한 길은 예수 그리스도이십니다. 구원의 길에 이르지 못하면 그 누구도 결코 구원을 받지 못합니다. 그런데 그 구원의 길에까지 꾸준히 이끌어주시는 분을 요한복음 6:44절에서는 이렇게 표현했습니다.

"나를 보내신 (　　　　)께서 이끌지 아니하시면 아무도 내게 올 수 없으니 오는 그를 내가 마지막 날에 다시 살리리라"(요 6:44)

8. 하나님 사랑의 절정(絶頂)

우리 인간은 결코 구원받을 수 없는 범죄를 저질렀습니다. 하나님의 말씀을 생각도 없이 어겼기 때문입니다. 용서받을 수 없는 죄를 저지른 것입니다. 그러나 하나님은 우리 인간에게 용서의 길을 주셨고, 그 길이 우리 인간에게는 복 중의 복이었습니다.

"만일 (　　　)로 된 것이면 행위로 말미암지 않음이니 그렇지 않으면 (　　　)가 (　　　) 되지 못하느니라"(롬 11:6)

회개(悔改)

죄가 있으면 하나님이 함께하실 수 없습니다. 하나님은 거룩하시기 때문입니다. 죄를 해결해야 만이 하나님을 만날 수 있습니다. 죄 문제 해결 방법은 오직 예수님을 믿어야 하는 것입니다. 예수님의 피로 죄를 씻어내야 하기 때문입니다. 예수님은 인간의 죄를 씻기 위해 이 땅에 오셨습니다. 그리고 인간의 죄 문제 해결을 위해 십자가에서 죽으셨습니다. "염소와 송아지의 피로 하지 아니하고 오직 자기의 피로 영원한 속죄를 이루사 단번에 성소에 들어가셨느니라"(히 9:12). 따라서 예수님을 믿으면 죄를 씻고 구원을 받게 됩니다(요 3:16; 행 16:31).

사람은 또 하나 할 일이 있습니다. 자기 죄를 고백해야 합니다. 사람이 구원받았어도 죄를 지을 때 오염된 것이 있습니다. 즉, 죄짓는 성향(性向)입니다. 그러기에 인간은 기회가 있으면 죄를 짓습니다. 세상에는 의인이 없습니다. 그러므로 인간은 죄를 회개해야 합니다. 죄를 회개하면 예수님은 예수님의 피로 그 죄를 씻고 용서를 해 주십니다. 하나님은 인간이 죄를 회개할 때 은혜를 주십니다. "만일 우리가 우리 죄를 자백하면 그는 미쁘시고 의로우사 우리 죄를 사하시며 우리를 모든 불의에서 깨끗하게 하실 것이요"(요일 1:9)

예수님을 믿고 회개하여야 은혜를 받을 수 있습니다. 이 은혜를 성령님의 은혜라고 합니다. 성령님의 은혜를 체험할 때 평화를 얻게 됩니다. 진실로 회개하고 기도할 때 하나님은 선물로 평화와 자유를 주십니다.

1. 회개를 성경에서는 무엇이라고 하나요?

정말 중요한 것이 있습니다. 그냥 입으로 회개한다고 해서 구원을 받을 수 없다는 것입니다. 마음을 다해 진심으로 뉘우치고 반성하고 회개해야 구원을 받을 수 있다는 것입니다. 그것을 요한일서 1:9절에서 사용한 단어는 이것입니다.

"만일 우리가 우리 (   )하면 그는 미쁘시고 의로우사 우리 죄를 사하시며 우리를 모든 불의에서 깨끗하게 하실 것이요"(요일 1:9)

2. 진정으로 회개한 자에게 하나님이 약속하신 것이 무엇입니까?

하나님은 사랑의 하나님이십니다. 하신 말씀도 어김없이 지키시는 분이십니다. 특별히 죄에 대한 진정한 회개가 있다 하면 구원의 선물을 주시고, 다양한 사랑을 베풀어주십니다. 그리고 우리가 회개한 죄에 대해서는 이렇게 말씀하십니다.

"내가 그들의 불의를 긍휼히 여기고 그들의 죄를 (　　) 하셨느니라"(히 8:12)

3. 회개에는 지·정·의가 포함됩니다.

죄는 깨닫고 슬퍼하고 뉘우치고 변화된 행동으로 옮기는 일이 있어야 합니다. 죄를 회개한다는 말만 한다고 해서 회개가 이루어진 것이 아닙니다. 죄를 진심으로 고백하고, 후회하고, 행동으로 고치고, 보상할 것은 보상해야 합니다. 회개는 어떻게 하는지 성구를 연결해 보세요.

1) 요한일서 1:9　　(　　)
2) 마태복음 21:30　(　　)
3) 누가복음 19:8　　(　　)
4) 골로새서 3:8-9　(　　)

ⓐ 뉘우치는 것
ⓑ 자백하는 것
ⓒ 부끄러운 행동을 버리는 것
ⓓ 갚는 것

4. 회개하면 어떤 일이 있습니까?

　회개했다고 하면서 예전의 삶이 변하지도 않고 그 모습 그대로 유지된다면 진정한 회개를 했다고 할 수 없습니다. 죄를 회개하고 구원의 확신과 믿음이 있다면 반드시 예전의 비그리스도인의 삶에서 벗어나는 변화가 있어야 합니다. 다음 성경 구절과 변화의 모습을 연결해 보세요.

1) 이사야 1:18　(　　)

2) 이사야 44:22 (　　)

3) 시편 51:9　　(　　)

4) 이사야 38:17 (　　)

5) 히브리서 8:12(　　)

6) 요한일서 1:9 (　　)

ⓐ 멸망의 구덩이에서 건져주심, 모든 죄를 용서하심

ⓑ 죄를 기억하지 않으심

ⓒ 내 모든 죄악을 없애주심

ⓓ 죄가 안개처럼 사라짐

ⓔ 불의에서 깨끗해짐

ⓕ 눈과 같이 희어짐

신앙(信仰)

　　신앙생활은 하나님을 알고 회개(悔改)하는 것으로 끝나지 않습니다. 믿음의 단계가 있습니다. 회개는 죄로부터 돌이키는 것이요 믿음은 자신을 하나님께 맡기는 것입니다. 그리고 하나님의 말씀을 순종으로 이어가야 합니다. 다리를 건널 수 있고, 건널 때가 되면 반드시 건너야 합니다. 회개의 때가 되면 회개하고 복음을 믿어야 합니다(막 1:15).

1. 영접하여 하나님의 자녀가 된다는 것은 혈통으로나 육정으로나 사람의 뜻으로 나지 아니하고 어디로부터 난 자라야 하는 건가요?

   "영접하는 자 곧 그 이름을 믿는 자들에게는 하나님의 자녀가 되는 권세를 주셨으니 이는 혈통으로나 육정으로나 사람의 뜻으로 나지 아니하고 오직 (   )께로부터 난 자들이니라"
   (요 1:12-13)

2. 하나님의 자녀가 되는 것은 혈통으로나 육정으로나 사람의 뜻으로 되는 것이 아닙니다. 그렇다고 엄청 어렵거나 힘든 것도 아닙니다. 위의 요한복음 1:12-13에 나와 있는 말씀에서 진정으로 이러한 자들에게 하나님의 자녀가 되는 권세를 주신다고 했는데 어떠한 자에게인가요?
   (   )

3. 다음 성경을 찾아서 읽고 예수님을 영접하는 과정을 기록해 보세요.
   "볼지어다 내가 (①) 누구든지 (②) (③) 내가 그에게로 들어

가 그와 더불어 먹고 그는 나와 더불어 먹으리라"(계 3:20)

① (   )
② (   )
③ (   )

4. 로마서 10:9절을 기록해 보세요.

_____

_____

이 말씀을 보면 구원을 받기 위하여 사람이 해야 할 두 가지는 무엇이라고 나와 있나요?

1) (   )
2) (   )

5. 예수님께서 제자들에게 "사람들이 나에 대해서 누구라고 하더냐"라고 물으시자 제자들이 "세례 요한, 엘리야, 예레미야, 선지자 중의 한 사람"이라고 하더라고 말씀을 드렸습니다. 그 대답에 마음이 들지 않으신 예수님이 "너희는 나를 누구라 하느냐" 물으시자 베드로가 자신 있게 대답을 합니다. 그 대답의 핵

심은 두 가지인데 무엇 무엇일까요?

"시몬 베드로가 대답하여 이르되 주는 (　　　　)시요 살아 계신 (　　　　　　) 이시니이다"(마 16:16)

6. 다음 성경을 읽고 우리의 믿음의 대상이 누구라고 확신할 수 있습니까?

"다른 이로써는 구원을 받을 수 없나니 천하 사람 중에 구원을 받을 만한 다른 이름을 우리에게 주신 일이 없음이라 하였더라"
(행 4:12) (　　　　　　　　)

7. 믿음으로 구원을 받게 되는데 그 믿음은 궁극적으로 어디에서부터 출발하게 되나요?

"그러므로 믿음은 들음에서 나며 들음은 (　　　　　　)으로 말미암았느니라"(롬 10:17)

8. 그렇게 믿음을 가지게 되면 특별한 복을 받게 되는데 요한복음 3:16절에 보면 그 복이 무엇이라고 말하고 있나요?

"하나님이 세상을 이처럼 사랑하사 독생자를 주셨으니 이는 그를

믿는 자마다 멸망하지 않고 (   )을 얻게 하려 하심이라"(요 3:16)

9. 예수님께서도 당신을 소개할 때 귀한 말씀으로 가르쳐주셨습니다. 요한복음 11:25-26절을 보면 예수님께서 마르다에게 당신을 소개하시는데 무엇 무엇이라고 소개하셨나요?

"예수께서 이르시되 나는 (   )이요 (   )이니 나를 믿는 자는 죽어도 살겠고, 무릇 살아서 나를 믿는 자는 영원히 죽지 아니하리니 이것을 네가 믿느냐"(요 11:25-26)

중생(重生)

중생은 다시 태어난다는 뜻입니다. 사람이 어떻게 다시 태어납니까? 육적으로는 불가능합니다. 그러나 믿음으로 생각하면 가능합니다. 인간이 창조될 때는 선하게 하나님의 형상(形像)대로 창조되었지만 인간은 하나님이 주신 자유를 가지고 죄(罪)를 지었습니다. 하나님 말씀을 어긴 것입니다. 먹지 말라는 선악과(善惡果)를 따먹은 것입니다. 그래서 죄를 지은 것이고, 그래서 하나님께 쫓겨나게 된 것입니다. 인간에게는 이제 고난과 심판과 멸망만이 남았습니다.

사람에게는 희망이 보이지 않았습니다. 그러나 하나님은 인간을 사랑하셨습니다. 왜냐하면 하나님의 본성이 사랑이시고, 인간을 창조하셨기 때문입니다. 그래서 구원의 길을 만드셨는데 독생자 예수님을 세상에 보내시는 것이었습니다. 때가 되어 예수님을 세상에 보내셔서 인간을 위해 십자가를 지시도록 하는 것이었습니다. 그리스도 예수님이 십자가에서 흘리신 피로 인간의 죄를 씻으신 것입니다. 그래서 인간은 예수님을 믿으면 죄를 씻음 받고 구원을 받게 됩니다. 이것을 복음(福音)이라고 말합니다.

믿는다는 말을 교회에서는 영접(迎接)이라고 합니다. 주인으로 모시는 것입니다. 믿음을 가지면 주인이 달라집니다. 전에는 내가 내 삶의 주인이었지만 예수님을 믿으면 예수님이 주인이 되십니다. 믿으면 사람이 달라져야 합니다. 식당에 주방장이 바뀌면 음식 맛이 달라지듯 마음에 주인이 달라지니 삶이 바뀌어야 하는 것입니다.

오랫동안 세상에 살다가 예수님을 믿으면 생활이 갑자기 변화가 어렵지만 반드시 변해야 합니다. 예배를 드리고, 죄를 미워하고, 의를 따라야 합니다. 마음에는 서서히 평화가 옵니다. 사람마다 속도는 다르겠지만 예수님을 영접하면 반드시 평화가 옵니다. 그래서 개인이 변하고, 가정이 변하고, 사회가 변합니다.

1\. 누구든지 예수님 안에 있으면(믿으면) 무엇이 된다고 가르쳐 주나요?

"그런즉 누구든지 그리스도 안에 있으면 (　　　　　　)
이라. 이전 것은 지나갔으니 보라 새것이 되었도다"(고전 5:17)

2\. 예수님을 믿어 새로운 사람이 되면 우리는 누구에게 속한 사람이 됩니다. 그렇다면 우리는 지금 누구 안에 있다고 보시나요?

"너희는 하나님으로부터 나서 (　　　　　　) 안에 있고 예수는 하나님으로부터 나와서 우리에게 지혜와 의로움과 거룩함과 구원함이 되셨으니"(고전 1:30)

3\. 예수님을 영접하고 믿는 자도 세상의 일반 사람들과 똑같다면 큰 의미가 없을 것입니다. 그러니까 예수님을 영접하는 자에게는 어떤 특별한 권세를 주신다는 것입니다. 무엇일까요?

"영접하는 자 곧 그 이름을 믿는 자들에게는 (　　　　　　)
가 되는 권세를 주셨으니"(요 1:12)

4. 예수님을 믿고 영접하는 자들에게는 권세도 받고 또 다른 것들도 받게 됩니다. 아래 성경구절에서 받는 것은 무엇 무엇인가요?

"너희 중에 이와 같은 자들이 있더니 주 예수 그리스도의 이름과 우리 하나님의 성령 안에서 (   )과 (   )과 (   )을 받았느니라"(고전 6:11)

5. 예수님을 믿게 되면 우리는 무엇이 되고, 우리 안에 누가 계시는가요?

"너희는 너희가 (   )인 것과 (   )이 너희 안에 계시는 것을 알지 못하느냐"(고전 3:16)

6. 예수님을 믿으면 우리는 누구의 지체가 된다고 가르쳐 주시나요?

"너희 몸이 (   )인 줄을 알지 못하느냐. 내가 (   )를 가지고 창녀의 지체를 만들겠느냐. 결코 그럴 수 없느니라"(고전 6:15)

7. 예수님을 믿게 되면 우리는 세상의 무엇이 되나요?

"너희는 세상의 (   )이니 (   )이 만일 그 맛을 잃으면 무엇으로 짜게 하리요. 후에는 아무 쓸 데 없어 다만 밖에 버려져 사람에게 밟힐 뿐이니라. 너희는 세상의 (   )이라. 산 위에 있는 동네가 숨겨지지 못할 것이요"(마 5:13-14)

8. 간증을 해 봅시다.

당신은 참으로 훌륭한 결심을 하셨습니다. 그러면 여러 사람 앞에서 자기의 신앙을 고백하십시오 하나님의 자녀가 되었으니 겁날 것이 없습니다. 이 결심이 신앙생활의 전부는 아닙니다. 당신은 이제 시작을 한 것입니다.

✓ 간증 방법 (간단하게라도 간증을 직접 써 보세요.)

1) 옛 생활 (예수 그리스도를 영접하기 전의 생활을 요약해 보세요)

2) 믿게 된 동기 (그리스도가 필요하다는 사실을 깨닫게 된 동기)

3) 믿음으로 얻은 경험 (그리스도를 영접하게 된 이유)

4) 앞으로의 생활 (영접 후의 변화)

구원(救援)의 확신

당신은 틀림없이 구원받았습니까?

예수님을 믿고 구원의 확신을 갖는 것은 매우 중요합니다. 교회 다니면서 내가 구원을 받았는지 아니면 형식적으로 교회 다니는지 아니면 내가 스스로 구원받았다고 생각하는지 구원에 대해 의심이 갈 때가 있습니다. 성경에서도 그 부분을 분명히 점검해 보라고 명령하십니다. 다음 성경 내용을 같이 읽어봅시다.

"너희는 믿음 안에 있는가 너희 자신을 시험하고 너희 자신을 확증하라. 예수 그리스도께서 너희 안에 계신 줄을 너희가 스스로 알지 못하느냐. 그렇지 않으면 너희는 버림받은 자니라"(고후 13:5)

이렇게 성경은 우리에게 내가 믿음 안에 있는지를 정확히 판단하고, 구원의 확신을 가져야 한다고 경고하고 있는 것입니다.

1. 구원을 받은 자라면 무엇에 확신이 있어야 하나요?

"내가 하나님의 아들의 이름을 믿는 너희에게 이것을 쓰는 것은 너희로 하여금 너희에게 (   )이 있음을 알게 하려 함이라"(요일 5:13)

2. 구원 확신의 증거로 하나님이 우리에게 영생을 주신다고 했는데 그 영생을 받는 자와 받지 못하는 자를 분명하게 구분했습니다. 그 구분의 있고 없음은 누가 있고 없고 인데 누가 있고 없고 일까요?

"또 증거는 이것이니 하나님이 우리에게 영생을 주신 것과 이 생명이 그의 아들 안에 있는 그것이니라. (   )이 있는 자에게는 생명이 있고, 하나님의 (   )이 없는 자에게는 생명이 없느니라"(요일 5:11-12)

3. 영생은 이러한 자는 분명히 받았다고 확정적으로 가르쳐 주고 계십니다. 어떤 자일까요?

"내가 진실로 진실로 너희에게 이르노니 (   ) 또 (   ) 는 영생을 얻었고 심판에 이르지 아니하나니 사망에서 생명으로 옮겼느니라"(요 5:24)

4. 요한은 누구의 이름을 믿는 자들에게 영생이 있음을 알려준다고 말하는가요?

"내가 (   )의 이름을 믿는 너희에게 이것을 쓰는 것은 너희로 하여금 너희에게 영생이 있음을 알게 하려 함이라"(요일 5:13)

5. 진실로 예수님을 믿게 되면 성령이 우리가 누구인가를 증언해 주신다고 하셨나요?

"성령이 친히 우리의 영과 더불어 우리가 (   ) 인 것을 증언하시나니"(롬 8:16)

6. 구원받은 자로서 예수님을 사랑한다면 무엇인가를 지켜야 한다고 가르쳐주는데 무엇인가요?

"너희가 나를 사랑하면 나의 (   )을 지키리라"(요 14:15)

7. 구원받은 자는 하나님께로부터 난 자가 되어 하나님 말씀을 순종하고, 또 짓지 말아야 할 것이 있는데 무엇이라고 가르쳐주고 있나요?

"하나님께로부터 난 자마다 (   )를 짓지 아니하나니 이는 하나님의 씨가 그의 속에 거함이요 그도 범죄하지 못하는 것은 하나님께로부터 났음이라"(요일 3:9)

8. 구원받은 사람은 그 형제를 미워할 수 없습니다. 그런데 구원받았다고 하면서 형제를 미워하는 자는 아직 어디에 있는 자라고 가르쳐 주나요?

"빛 가운데 있다 하면서 그 형제를 미워하는 자는 지금까지 (   )에 있는 자요"(요일 2:9)

9. 구원받은 자로 사망에서 생명으로 들어간 자들은 형제를 OO하게 되는데 그 형제를 미워하고 OO하지도 않는다면 아직도 사망에 머물러 있다고 하는데 그렇다면 구원받은 자는 형제를 어떻게 해야 하나요?

"우리는 형제를 (   )함으로 사망에서 옮겨 생명으로 들

어간 줄을 알거니와 (　　　　)하지 아니하는 자는 사망에 머물러 있느니라"(요일 3:14)

10. 구원받은 사람에게서 그 어떤 것도 어디에서 끊을 수 없다고 했나요?

"내가 확신하노니 사망이나 생명이나 천사들이나 권세자들이나 현재 일이나 장래 일이나 능력이나 높음이나 깊음이나 다른 어떤 피조물이라도 우리를 우리 주 그리스도 예수 안에 있는 (　　　　) 에서 끊을 수 없으리라"(롬 8:38-39)

11. 구원받은 사람의 복중의 복은 무엇을 얻는 것인가요?

"우리가 그 안에서 그를 믿음으로 말미암아 담대함과 확신을 가지고 (　　　　　)을 얻느니라"(엡 3:12)

● ●

사람은 연약한 존재입니다. 믿음을 가져도 넘어지고 죄를 짓습니다. 죄를 짓는다고 구원 못받은 것이 아니요 죄를 지어도 회개하면 용서를 받습니다. 그러나 구원받은 자는 죄를 미워합니다. 그리고 의를 사모합니다. 그러므로 죄를 지었다고 낙심치 말고 회개하고 하나님께로

나아가야 합니다. 회개함으로 더 큰 은혜를 받습니다. 예수님은 몸을 씻었으니 발을 씻으면 된다고 하셨습니다(요 13:10). 발은 자주 씻고 또는 날마다 씻는 것입니다.

그리스도인의 생활 1

　인간의 삶 가운데 가장 아름다운 것은 그리스도인으로의 생활입니다. 그리스도인의 생활은 이 세상에서 가장 거룩하여 진실하고 또한 아름다우며 가치가 있습니다. 간혹 성령의 은사를 받았다고 지칭하는 사람에게서 불의와 악독과 교만과 추태를 발견할 수 있는데 그것은 그들이 진실한 그리스도인이 아니기 때문입니다. 성령으로 거듭난 그리스도인의 생활 열매는 사랑과 희락과 화평과 오래 참음과 자비와 양선과 충성과 온유와 절제입니다(갈 5:22-23). 물론 이제 출생한 그리스도인이 온전할 수는 없습니다. 그러나 하나님께서 거룩하신 것 같이 우리도 거룩하도록 노력해야 합니다. 성도의 삶은 참된 성도의 삶을 위해 전진하는 것입니다.

　이것을 성화(聖化)라고 합니다. 성화는 계속 진행형입니다. 성도가 실수, 실패했다고 낙심할 필요는 없습니다. 하나님은 언제나 우리를 사랑하시고, 죄인을 받아주시고, 용서하십니다. 인간은 하나님의 형상을 가진 존귀한 존재이지만 연약합니다. 그래서 하나님을 모실 때만 승리할 수 있습니다. 하나님을 떠나면 힘이 없습니다. 물고기가 물을 떠나면 힘이 없듯이 사람이 하나님을 떠나면 연약합니다. 하나님을 떠나지 말고 주 안에서 살아야 합니다. 떠났다면 지체없이 돌아오고 회개해야 합니다. 진정으로 회개하면 하나님은 받아주십니다. 탕자(蕩子)의 비유에서 보는 것처럼 실패한 아들이 돌아올 때 아버지는 묻지 않고 받아주었습니다. 하나님께서도 우리 인간의 실패를 인정도 해주시고 받아도 주십니다(마 11:28).

1. 성도는 거룩해야 하는데 아래 성경 말씀을 통하여 우리가 거룩을 본받아야 할 대상과 그 이유와 거룩의 범위가 무엇인지를 말해 보세요.

"오직 너희를 부르신 거룩한 이처럼 너희도 모든 행실에 거룩한 자가 되라"(벧전 1:15)

1) 대상 (   )
2) 이유 (   )
3) 범위 (   )

2. 우리는 혼자 세상을 이겨나갈 수가 없습니다. 그래서 우리가 성도로 살아가도록 누구의 도움을 받고 살아갑니다. 우리를 누가 도와주나요?

"너희 안에서 행하시는 이는 (   )이시니 자기의 기쁘신 뜻을 위하여 너희에게 소원을 두고 행하게 하시나니"(빌 2:13)

3. 우리가 믿음으로 성도가 되면 우리 안에 누가 계시나요?

"내가 그리스도와 함께 십자가에 못 박혔나니 그런즉 이제는 내가 사는 것이 아니요 오직 내 안에 (   )께서 사시는 것이라. 이제 내가 육체 가운데 사는 것은 나를 사랑하사 나를 위하여 자기 자신을 버리신 하나님의 아들을 믿는 믿음 안에서 사는 것이라"(갈 2:20)

⋯▶ 이 성경 말씀으로 지어진 찬양을 불러봅시다. ♬ 내가 그리스도와 함께 ♬

4. 사람은 살아가는 데에 두 가지 양식이 있습니다. 육신이 먹는 양식과 영혼이 먹는 양식입니다. 성경에서는 그 두 가지 양식을 뭐라고 가르쳐주고 있나요?

"예수께서 대답하여 이르시되 기록되었으되 사람이 (   )으로만 살 것이 아니요 하나님의 입으로부터 나오는 모든 (   ) 으로 살 것이라 하였느니라 하시니"(마 4:4)

5. 사람은 숨을 쉬지 않으면 살 수 없습니다. 육신의 몸이 살기 위해 숨을 쉬듯이 영혼이 살기 위해서 숨을 쉬는 호흡은 뭐라고 할 수 있나요?

"쉬지 말고 (   )하라"(살전 5:17)

6. 성도로서의 성령을 받고 성공적인 삶을 살아간다면 우리는 그 이유를 증거하면서 세상에서 우리는 무엇으로 살아야 하나요?

"오직 성령이 너희에게 임하시면 너희가 권능을 받고 예루살렘과 온 유대와 사마리아와 땅끝까지 이르러 내 (   )이 되리라 하시니라"(행 1:8)

7. 그리스도인으로 부름받은 성도는 하나님께서 주신 여러 가지 은사로 살아야 하는데 그 은사로 누구와 같이 어떻게 살라고 가르쳐 주고 있나요?

"각각 은사를 받은 대로 하나님의 여러 가지 은혜를 맡은 선한

(   )같이 서로 봉사하라"(벧전 4:10)

● ●

성도의 힘의 원천은 성령의 역사입니다. 하나님의 영이요 또한 삼위 신(神)이신 성령님은 인간에게 지혜와 힘을 주십니다. 사람의 영과 하나님의 영의 만남이 있어야 합니다. 영적 교제 없이 성도로서 삶의 실천이 불가능합니다. 성도가 열심히 모이는 이유는 영적 사람이 되기 위해서입니다. 성도의 마음에 하나님의 영이 계시면 평화와 자유가 있습니다.

그리스도인의 생활 2

1. 성도의 가정은 성도의 삶의 실천 장소입니다. 성도는 가정을 평화의 전당으로 만들어가야 합니다. 다음 성경을 실천한다면 가정의 화목과 행복을 쌓아갈 수 있습니다.

1) 성도의 가정이라면 하나님께 예배하는 대상을 어떻게 정해야 하나요.

"그가 경건하여 (   )과 더불어 하나님을 경외하며 백성을 많이 구제하고 하나님께 항상 기도하더니"(행 10:2)

2) 그리스도의 가정은 화목이 필수입니다. 아내는 남편에게 어떻게 하라고 하셨나요?

"아내들이여 자기 남편에게(   )하기를 주께 하듯 하라"(엡 5:22)

3) 남편은 아내에게 어떻게 하라고 하셨나요?

"남편들아 아내 사랑하기를 그리스도께서 교회를 사랑하시고 그 교회를 위하여 (   ) 같이 하라"(엡 5:25)

4) 자녀는 부모에게 어떻게 하라고 가르쳐 주나요?

"자녀들아 주 안에서 너희 부모에게 (   )하라. 이것이 옳으니라"(엡 6:1)

5) 부모는 자녀를 어떻게 양육하라고 가르쳐 주나요?

또 아비들아 너희 자녀를 노엽게 하지 말고 오직 주의 (   ) 과 (   )로 양육하라"(엡 6:4)

2. 나무의 특징과 의무는 열매입니다. 좋은 나무가 나쁜 열매를 맺을 수 없고, 못된 나무가 아름다운 열매를 맺을 수 없다고 성경은 가르쳐 줍니다. 그렇다면 못된 나무는 그리스도인으로의 삶이 아니기에 결과적으로 어디에 던져진다고 했습니다. 어디일까요?

"아름다운 열매를 맺지 아니하는 나무마다 찍혀 (   )에 던져지느니라"(마 7:19)

3. 그리스도인에게 하나님은 역할을 주셨습니다. 사람들이 살아가는데 필수불가결한 존재적 역할을 하라고 하신 것입니다. 그

역할이 무엇인지 성경을 통해 알아보고, 그 역할 수행에 최선을 다했으면 합니다.

"너희는 세상의 (   )이니 (   )이 만일 그 맛을 잃으면 무엇으로 짜게 하리요. 후에는 아무 쓸 데 없어 다만 밖에 버려져 사람에게 밟힐 뿐이니라"(마 5:13)

"너희는 세상의 (   )이라. 산 위에 있는 동네가 숨겨지지 못할 것이요"(마 5:14)

4. 소금이 맛을 잃으면 소금이 아닙니다. 맛을 잃으면 쓸 데가 없어 버림받는 것은 당연한 일입니다. 그렇다면 빛도 빛으로의 역할을 위한 열매가 있습니다. 다음 성경에서는 그 열매가 뭐라고 가르쳐 주나요?

"빛의 열매는 모든 (   )과 (   )과 (   )에 있느니라"(엡 5:9)

5. 그리스도인이라면 자연스럽게 아름다운 행실의 열매를 맺는다고 했습니다. 그것은 궁극적으로 우리가 누구를 나타내는 것이어야 하는데 구원받은 자나 받지 못한 자나 심지어 하나님 앞

에서까지 어떤 역할을 하라고 하시나요?

"우리는 구원 받는 자들에게나 망하는 자들에게나 하나님 앞에서 (   )니"(고후 2:15)

6. 나무가 열매를 맺는 것의 기본은 살아 있어야 한다는 것입니다. 아무리 큰 나무라고 할지라도 죽어 있으면 열매를 맺을 수 없기 때문입니다. 그 단정적인 관계를 예수님이 포도나무일 때 우리는 무엇이기에 열매를 맺을 수 있다는 것인가요?

"나는 포도나무요 너희는 (   )라. 그가 내 안에, 내가 그 안에 거하면 사람이 열매를 많이 맺나니 나를 떠나서는 너희가 아무것도 할 수 없음이라"(요 15:5)

7. 그리스도인으로의 삶을 반드시 실천해야 할 조항을 하나님의 말씀을 순종하며, 그 말씀을 삶에서 실천하라고 주신 말씀이 로마서 12장입니다. 로마서 12:1절에서부터 21절까지 읽으면서 우리의 삶의 자세를 또 새롭게 정립하시기를 바랍니다.

* 로마서 12:1-21절 소리내서 읽기

성장(成長)

　요한복음 3:36절에 보면 "아들을 믿는 자에게는 영생이 있고"라는 말씀이 있습니다. 이 말씀을 잘못 이해하는 수가 있습니다. 말씀을 믿고 예수 그리스도를 영접하여 구원을 받았으니 다 되었다고 생각할 수 있다는 것입니다. 그러나 신앙생활은 이제 시작입니다. 신앙은 성장해야 합니다. 아이가 자라지 않으면 부모의 염려거리가 됩니다. 어린아이가 태어나면 어른이 될 때까지 계속 자라야 합니다.

　신앙도 성장해야 합니다. 전도해놓고 그냥 두면 과거로 돌아갈 수도 있고, 잡초밭같이 될 수도 있습니다. 그렇게 되면 하나님의 염려거리가 됩니다.

1. 아기가 태어나면 성장해야 하듯이 영적으로도 성장해야 합니다. 그러나 영적으로 성장하지 못한 사람이 있습니다(고전 3:1-3).

1) 아직 영적으로 성숙하지 못한 고린도 교인들에게 바울은 무엇으로 먹인다고 했나요?

"내가 너희를 (   )으로 먹이고 밥으로 아니하였노니 이는 너희가 감당하지 못하였음이거니와 지금도 못하리라"(고전 3:2)

2) 바울은 고린도 교인들에 대해서 아직도 어디에 속했다고 하면서 성장을 얘기해 주려고 합니다. 그 의미를 어디에 속한 자라고 말을 했나요?

"너희는 아직도(   )에 속한 자로다"(고전 3:3)

3) 바울은 고린도 교인들이 어리다고 한 이유는 무엇이 있기 때문이라고 했나요?

"너희 가운데 (   )와 (   )이 있으니 어찌 육신에 속하여 사람을 따라 행함이 아니리요"(고전 3:3)

2. 성도가 살아가면서 도달해야 할 목표가 있어야 합니다. 그 무

엇인가 품고 살아가야 한다는 것입니다. 무엇을 품고 살아가야 한다는 것인가요?(빌 2:5)

"너희 안에 이 마음을 품으라 곧 (   ) 이니"(빌 2:5)

3. 예수님께서 이 땅에 오신 것은 사람들에게 믿음으로 성도가 되게 하기 위해서입니다. 성도가 되기 위한 믿음의 사람이 되기 위해서 예수님은 손수 무엇이 되어주셨나요?

"인자가 온 것은 섬김을 받으려 함이 아니라 도리어 섬기려 하고 자기 목숨을 많은 사람의 (   )로 주려 함이니라"(마 20:28)

4. 우리는 계속 성장해야 합니다. 목표를 세우고 달리고 또 달려가야 합니다. 그 무엇을 위해 달려가야 하나요?

"푯대를 향하여 그리스도 예수 안에서 하나님이 위에서 부르신 (   )을 위하여 달려가노라"(빌 3:14)

5. 사람이 성장을 하려면 그 무엇인가를 먹어야 합니다. 우리의 영혼이 성장하려면 우리의 영 혼이 무엇을 먹어야 할까요? 다

음 성경 구절에서 말하는 것을 찾아보세요.

"사람이 떡으로만 살 것이 아니요 하나님의 입으로부터 나오는 모든 (   )으로 살 것이라 하였느니라 하시니"(마 4:4)

"썩을 (   )을 위하여 일하지 말고 영생하도록 있는 (   )을 위하여 하라. 이 (   )은 인자가 너희에게 주리니 인자는 아버지 하나님께서 인치신 자니라"(요 6:27)

"모든 (   )은 하나님의 감동으로 된 것으로 교훈과 책망과 바르게 함과 의로 교육하기에 유익하니 이는 하나님의 사람으로 온전하게 하며 모든 선한 일을 행할 능력을 갖추게 하려 함이라"(딤후 3:16-17)

6. 다음 성경 말씀을 암송합시다.   *암송할 성구

> "친히 나무에 달려 그 몸으로 우리 죄를 담당하셨으니 이는 우리로 죄에 대하여 죽고 의에 대하여 살게 하려 하심이라. 그가 채찍에 맞음으로 너희는 나음을 얻었나니"(벧전 2:24)

성경(聖經)

　하나님의 말씀은 살았고 운동력이 있어 그 말씀을 통하여 당신의 신앙이 싹트며, 그 말씀의 양식을 먹고 성장하여 하나님과 자신과 세계에 대한 지식을 얻고, 능력을 힘입어 열심 있는 신앙생활 그리고 승리하는 삶을 살 수 있게 합니다. 말씀은 계시입니다.

　하나님은 인간에게 가리워져 있었던 것을 성경을 통해서 보여주시는 것입니다. 계시(啓示)란 헬라어로 아포칼룹시스($ἀποκάλυψις$)라는 말로 '벗기다', '밝히다'라는 뜻으로 숨겨진 것을 보여주는 것을 말합니다. 그러므로 성경을 보는 것은 하나님의 계시를 보는 것입니다. 다시 말해 숨겨진 하나님의 진리를 보는 것입니다. 그리스도인으로 성장하려면 신비한 책 성경을 반드시 읽고 들어야 합니다.

1. 성경은 그냥 아무나가 쓴 책이 아닙니다. 성령의 감동하심을 받은 사람이 썼다고 하는데 그것도 자신들이 그냥 쓴 것이 아니라는 것입니다. 누가 말한 것을 받아 쓴 것이라고 했는데 누가 말한 내용일까요?

"예언은 언제든지 사람의 뜻으로 낸 것이 아니요 오직 성령의 감동하심을 받은 사람들이 (　　　　　)께 받아 말한 것임이라"(벧후 1:21)

2. 성경을 통하여 우리는 생명도 새 생명도 얻을 수 있으며, 여러 가지 유익을 얻을 수 있습니다. 그럼 다음 성경에서는 우리에게 어떤 유익을 준다고 말하고 있나요?

"모든 성경은 하나님의 감동으로 된 것으로 (　　　)과 (　　　)과 (　　　)함과 (　　　)하기에 유익하니"(딤후 3:16)

3. 구약과 신약을 다 합하면 총 66권입니다. 구약이 39권, 신약이 27권이기 때문입니다. 그래도 구약과 신약은 주제에 맞도록 아래와 같이 구분하여 묶을 수 있습니다.

1) 구약(39권)

   (1) 율법서(5권)　(　　　　　　　　　　　　)

   (2) 역사서(12권)　(　　　　　　　　　　　　)

   (3) 시가서(5권)　(　　　　　　　　　　　　)

   (4) 예언서

      A. 대예언서(5권)　(　　　　　　　　　　　　)

      B. 소예언서(12권)　(　　　　　　　　　　　　)

2) 신약(27권)

   (1) 복음서(4권)　(　　　　　　　　　　　　)

   (2) 역사서(1권)　(　　　　　　　　　　　　)

   (3) 서신서

      A. 바울 서신

         a. 교리서신(4권)　(　　　　　　　　　　　　)

         b. 옥중서신(4권)　(　　　　　　　　　　　　)

         c. 목회서신(3권)　(　　　　　　　　　　　　)

         d. 일반서신(2권)　(　　　　　　　　　　　　)

      B. 공동서신(8권)　(　　　　　　　　　　　　)

   (4) 예언서(1권)　(　　　　　　　　　　　　)

4. 이러한 성경을 우리에게 주신 것은 가장 귀한 목적이 있습니다. 궁극적으로 하나님의 아들 예수님이 그리스도이심을 믿

게 하는 것이며, 그로 인해 우리가 다음을 얻게 해 주시는 것이 목적입니다.

"오직 이것을 기록함은 너희로 예수께서 하나님의 아들 그리스도이심을 믿게 하려 함이요 또 너희로 믿고 그 이름을 힘입어 (   )을 얻게 하려 함이니라"(요 20:31)

하나님

    태초에 하나님이 천지를 창조하셨습니다(창 1:1). 그리고 당신의 형상(形像)대로 사람을 만드셨습니다(창 1:27). 하나님은 누구실까요? 당신은 하나님을 바로 알고, 하나님께 영광을 돌리는 일에 힘써야 합니다. 인간이 하나님을 알고, 예배드릴 때 하나님은 기뻐하시고 은혜와 복을 주십니다. 성도는 하나님을 아버지라고 부릅니다. 아버지의 사랑으로 사람을 받아주시고 사랑해 주십니다(눅 15:11-32).

    성경에 비유로 알려주셨지만 아들이 아버지를 배반하고 집을 떠나 살다가 나중에 어려운 일에 빠지고, 그때서야 잘못을 뉘우치고 탕자로 돌아올 때 아버지는 달려가 맞아주십니다. 이것이 바로 하나님의 마음인 것입니다.

1. 하나님은 어떤 모양으로 계신건가요?

"하나님은 (   )이시니 예배하는 자가 영과 진리로 예배할지니라"(요 4:24)

그래서 우리는 하나님께 영적 예배를 드려야 하고, 육신의 눈으로는 볼 수 없고, 육신의 귀로는 들을 수도 없습니다. 다만 믿음 안에서 하나님을 만나고 체험할 수 있습니다. 하나님을 보고 들으려고 하지 말아야 합니다. 말씀을 깨닫고 믿음으로 기도한다면 하나님을 체험하고 주시는 은혜를 받을 수 있습니다. 그래서 우리는 영과 진리로 예배를 드려야 한다는 것입니다. 맞는 것에 줄을 그어보세요.

1) 찬양 (   )
2) 기도 (   )
3) 헌금 (   )
4) 설교 (   )

ⓐ 감사함으로
ⓑ 하나님의 음성으로
ⓒ 믿음으로
ⓓ 진정으로

2. 하나님은 또 이런 분이라고 성경은 알려주고 있습니다. 그러기에 하나님에게는 이것도 전혀 없다고 가르쳐 주십니다.

"우리가 그에게서 듣고 너희에게 전하는 소식은 이것이니 곧 하나님은 (   )이시라. 그에게는 (   )이 조금도 없으시다는 것이니라"(요일 1:5)

1) 위의 말씀을 통하여 보면 하나님은 (   )이기에 (   ) 이 없다는 것입니다.

2) 예수님을 영접했다고 하면서 지속적으로 죄 가운데 사는 사람은 어떤 사람일까요? (   ) 안에 ○을 넣어보세요.
   (1) 구원받은 사람   (   )
   (2) 구원받지 못한 사람   (   )

3. 다음 성경 구절을 읽고 하나님을 무엇이라고 말할 수 있나요?

"사랑하는 자들아 우리가 서로 사랑하자. 사랑은 하나님께 속한 것이니 사랑하는 자마다 하나님으로부터 나서 하나님을 알고, 사랑하지 아니하는 자는 하나님을 알지 못하나니 이는 하나님은 (   )이심이라"(요일 4:7-8)

→ 하나님은 (   )이십니다.

4. 하나님은 다음과 같은 속성을 가지신 분입니다. 다음 성경 구절을 통하여 하나님의 속성과 연결해 보세요.

1) 시편 139:7-10   (   )

2) 다니엘 6:26   (   )

3) 이사야 9:6   (   )

4) 역대상 28:9   (   )

5) 고린도전서 8:6   (   )

6) 시편 102:12   (   )

> ⓐ 하나님은 한 분이십니다.
> ⓑ 하나님은 전지하십니다.
> ⓒ 하나님은 전능하십니다.
> ⓓ 하나님은 어디에나 계십니다
> ⓔ 하나님은 무궁한 권세를 가지셨습니다.
> ⓕ 하나님은 영원히 다스리십니다.

5. 요한복음 3:16을 암송해 보세요. *암송할 성구

> "하나님이 세상을 이처럼 사랑하사 독생자를 주셨으니 이는 그를 믿는 자마다 멸망하지 않고 영생을 얻게 하려 하심이라"

예수 그리스도

　우리 신앙의 대상은 예수 그리스도이십니다. 그러므로 예수 그리스도에 대하여 정확히 알고 믿어야 합니다. 예수님께서는 제자들에게 "사람들이 인자를 누구라고 하느냐"(마 16:13)고 물으셨습니다. 예수님은 인간을 죄에서 구원하시는데 실질적으로 구원사역을 몸으로 실천하셨습니다. 하나님이 구원계획을 하셨다면 예수님은 구원사역을 실천하신 것입니다. "우리를 예정하사 예수 그리스도로 말미암아 자기 아들들이 되게 하셨으니"(엡 1:5)라고 바울은 말했고, 예수님은 직접 "하늘과 땅의 모든 권세를 내게 주셨으니"(마 28:18)라고 말씀하시면서 예수님이 세상 모든 것의 구세주이심을 말씀해 주신 것입니다.

1. 예수님은 참사람이셨습니다. (   ) 안 있는 성경 구절을 읽고 답을 쓰시오.

1) 마태복음 1:2   (   )
2) 누가복음 2:4   (   )
3) 마태복음 2:1   (   )
4) 마태복음 1:18   (   )
5) 마태복음 2:23   (   )
6) 마가복음 6:3   (   )
7) 누가복음 3:23   (   )
8) 요한복음 19:17   (   )
9) 사도행전 1:3   (   )
10) 사도행전 1:12   (   )

ⓐ 출생지
ⓑ 자라신 곳
ⓒ 직업
ⓓ 돌아가신 장소
ⓔ 부활하신 후 나타내 보이신 시간
ⓕ 누구의 후손
ⓖ 부모 이름
ⓗ 승천하신 장소
ⓘ 전도를 시작하신 나이
ⓙ 12지파 중 한 지파

2. 예수님은 하나님이셨습니다.

1) 요한복음 11:43-44   (   )
2) 히브리서 1:3   (   )
3) 요한복음 1:1   (   )
4) 히브리서 13:8   (   )
5) 골로새서 1:16   (   )

ⓐ 태초부터 하나님과 함께하신 하나님

ⓑ 영원토록 동일하심

ⓒ 만물을 창조하심

ⓓ 죽은 자를 살리심

ⓔ 만물을 보전하고 죄를 깨끗하게 하심

3. 세상이 있기 전에 이미 하나님이 계셨는데 예수님도 같이 계셨다고 했습니다. 다음 성경에서는 예수님을 누구라고 칭하였나요?

"태초에 (   )이 계시니라. 이 (   )이 하나님과 함께 계셨으니 이 (   )은 곧 하나님이시니라"(요 1:1)

4. 인간으로 오신 예수 그리스도를 하나님과의 관계를 뭐라고 이야기해 주었나요?

"말씀이 육신이 되어 우리 가운데 거하시매 우리가 그의 영광을 보니 아버지의 (   )의 영광이요 은혜와 진리가 충만하더라"(요 1:14)

5. 예수 그리스도는 하나님의 아들이시기에 돌아가실 이유가 없습니다. 그러나 돌아가시는데 왜? 무엇을 위하여 돌아가셨나요?

"친히 나무에 달려 그 몸으로 우리 (   )를 담당하셨으니 이는 우리로 (   )에 대하여 죽고 의에 대하여 살게 하려 하심이라. 그가 채찍에 맞음으로 너희는 나음을 얻었나니"(벧전 2:24)

6. 예수님은 죽으신 것으로 끝난 것이 아니라 3일 만에 부활하셨습니다. 지금 예수님은 어디에 계신다고 가르쳐주나요?

"누가 정죄하리요 죽으실 뿐 아니라 다시 살아나신 이는 그리스도 예수시니 그는 (   )에 계신 자요 우리를 위하여 간구하시는 자시니라"(롬 8:34)

7. 예수님은 부활하셔서 하늘나라에 계신 것으로 끝나는 것이 아닙니다. 이 땅에 다시 오셔서 최후의 심판을 하실 분이신데 예수님이 오시는 모습을 마태는 뭐라고 설명하고 있나요?

"그 때에 인자의 징조가 하늘에서 보이겠고 그 때에 땅의 모든 족속들이 통곡하며 그들이 인자가 구름을 타고 (   )과 큰 (   )으로 오는 것을 보리라"(마 24:30)

성령님

성령님은 삼위일체 중에서 제3위 격입니다. 1위는 아버지 하나님이며, 2위는 아들이신 하나님이며, 3위는 성령이신 하나님입니다(마 28:19). 성령님을 소홀히 할 때 우리는 영적 능력을 받지 못합니다. 성령을 히브리어로 '루아흐'(רוח)이며, 헬라어로 '프뉴마'(πνευμα)로서 '호흡', '바람' 그리고 '공기'라는 뜻입니다. 성령님은 신자에게 지혜도 주시고, 권능도 주십니다(요 16:13; 행 1:8).

우리는 성령님을 사모하여 지혜도 얻고, 능력도 받아야 합니다. 성령님을 충만하게 받으면 내가 영적 사람이 되고, 능력 있는 사람이 됩니다.

1. 우리 사람의 일은 그 사람만이 알 수 있는데 하나님의 일을 유일하게 아는 분이 있는데 그 분이 누구라고 가르쳐 주나요?

"사람의 일을 사람의 속에 있는 영 외에 누가 알리요 이와 같이 하나님의 일도 (   ) 외에는 아무도 알지 못하느니라"(고전 2:11)

2. 하나님의 자녀들은 성령님의 임재를 받은 사람들입니다. 그러기에 우리는 성령님께 하지 말아야 할 것과 구원의 날까지 성령님의 소유임을 보증하는 것을 무엇이라고 표현했나요.

"하나님의 성령을 (   )하게 하지 말라. 그 안에서 너희가 구원의 날까지 (   )을 받았느니라"(엡 4:30)

3. 하나님의 자녀들은 성령님을 이미 받았기에 예수님을 철저히 믿기도 하고, 성령님으로 인하여 예수님을 뭐라고 부르게도 됩니다. 무엇일까요?

"그러므로 내가 너희에게 알리노니 하나님의 영으로 말하는 자는 누구든지 예수를 저주할자라 하지 아니하고 또 성령으로 아니하고는 누구든지 예수를 (　　　)시라 할 수 없느니라"(고전 12:3)

4. 그리스도인은 꼭 성령님의 임재를 받고 평화를 체험해야 합니다. 그리고 성령님을 믿고 기도와 간구를 드려야 합니다. 죄는 회개해야 합니다. 죄가 있는 곳에 성령님이 오실 수가 없기 때문입니다. 초대교회 성도들이 그 많은 환난을 이기고 복음을 전할 수 있었던 것은 성령님이 함께 계셨기 때문입니다. 성령님이 우리에게 나타내시는 이유는 우리에게 무엇을 주시려고 하며, 성령님이 계신 곳에는 무엇이 있다고 가르쳐주고 있나요.

"각 사람에게 성령을 나타내심은 (　　　)하게 하려 하심이라"
(고전 12:7)

"주는 영이시니 주의 영이 계신 곳에는 (　　　)가 있느니라"
(고후 3:17)

5. 우리에게 큰 유익을 주시는 성령님을 믿고 따르면 맺게 되는 성령의 열매 9가지 열매가 있　습니다. 무엇 무엇일까요?

"오직 성령의 열매는 (　　)과 (　　)과 (　　)과 (　　)과 (　　)와 (　　)과 (　　)과 (　　)와 (　　)니

이같은 것을 금지할 법이 없느니라"(갈 5:22-23)

∴

성령님은 하나님의 영이시기에 사람이 하나님의 영을 받으려면 내가 영적 사람이 되어야 합니다. 죄를 회개하고 영적인 것을 사용하고 가까이 해야 합니다. 제자들이 회개하고 기도할 때 성령 충만했고, 환난을 이기며, 전도할 수 있었습니다. 우리도 회개하고 영이 계시는 하나님 말씀을 가까이 하고, 영적 기도를 드리고, 영적 예배를 드릴 때 성령님의 은혜를 받습니다. 영이 계신 곳에 평화가 있습니다. 영적 사람이 되고, 평화를 체험하는 우리 모두가 되시기 바랍니다.

교회(敎會)

거듭난 성도는 그리스도께서 피로 값 주고 사신 교회의 지체입니다. 지체는 또 다른 별도의 지체가 아니라 몸의 한 부분입니다. 이와 같이 사람은 그리스도를 영접하는 순간부터 하나님의 자녀가 되는 동시에 교회의 회원으로 공동체 안에 속하게 됩니다. 그런데 그리스도인의 교회 생활은 지체로서의 역할을 다하는 데 있습니다. 이 역할을 수행할 때 그리스도인의 생활은 밝고 힘이 있으며, 삶에 평화가 넘칩니다. 이 놀라운 은혜와 평안이 충실한 교회 생활에서 얻어진다는 사실을 감안할 때 우리는 성경을 열심히 공부할 필요가 있습니다. 일반적으로 예배당을 교회로 인식하고 있는 경우가 많습니다. 그러나 예배당은 예배드리는 장소가 되는 것이지 교회는 아닙니다.

'교회'란 뜻을 국어사전에서 찾아보면 "예수 그리스도를 주

(主)로 고백하고 따르는 신자들의 공동체 또는 그 장소"라고 되어 있습니다. 여기 '장소'란 일상적으로 말하는 교회 건축물을 말하는 것입니다. 그런데 성경에 나오는 헬라어 '교회'란 '에클레시아'(ἐκκλησία)로 '밖으로 불러 모으다'란 의미로 "죄악 세상에서 불러 모아진 성별된 자들의 모임, 곧 예수 그리스도를 구주(救主)로 고백하는 성도들의 모임을 가리킨다(엡 1:22-23; 히 2:12)"라고 교회용어사전에서 설명해 주고 있습니다. 정확한 말입니다.

1. 교회의 시작

"또 내가 네게 이르노니 너는 베드로라. 내가 이 반석 위에 내 교회를 세우리니 음부의 권세가 이기지 못하리라"(마 16:18)

이 말씀을 보면 교회를 처음 세우고 시작했다고 볼 수 있는데 누가 세우고 누가 시작했다고 할 수 있나요? (   )

2. 교회는 부활하여 살아계신 예수님을 보여주는 공동체입니다. 그렇다면 성경에서는 그 공동체를 구체적으로 무엇이라고 가르쳐 주나요?

"교회는 (　　　)이니 만물 안에서 만물을 충만하게 하시는 이의 충만함이니라"(엡 1:23)

3. 예수 그리스도를 주(主)로 고백하고 따르는 신자들의 공동체가 교회라면 그 공동체의 머리는 누구라고 성경에서는 가르쳐 주나요?

"(　　　)는 몸인 교회의 머리시라. 그가 근본이시요 죽은 자들 가운데서 먼저 나신 이시니 이는 친히 만물의 으뜸이 되려 하심이요"(골 1:18)

4. 예수님은 교회에 사명을 주셨습니다. 지상명령이라고도 합니다. 모든 민족에게 가르칠 것을 명령하신 것입니다. 그렇게 하기 위해 모든 민족을 무엇으로 삼으라고 하셨나요?

"그러므로 너희는 가서 모든 민족을 (　　　)로 삼아 아버지와 아들과 성령의 이름으로 세례를 베풀고 내가 너희에게 분부한 모든 것을 가르쳐 지키게 하라 볼지어다 내가 세상 끝날까지 너희와 항상 함께 있으리라 하시니라"(마 28:19-20)

CHAPTER 15

교회 회원(會員)

아무나 교회 회원이 될 수 없습니다. 단순히 교회에 충실히 한다고 해서 회원이 되는 것은 아닙니다. 반드시 예수 그리스도를 믿고 거듭난 자이어야 만이 그리스도의 몸인 교회의 회원이 됩니다.

구원받은 하나님의 백성은 경건한 삶을 살아야 합니다. 성도로서의 행함이 따르지 않으면 그 신앙은 죽은 것이라고 성경은 말합니다. "이와 같이 행함이 없는 믿음은 그 자체가 죽은 것이라"(약 2:17). 그리스도인은 믿음으로 인하여 신분에 달라졌다는 것을 알아야 합니다. 그리고 자신 존재의 귀중성을 알아야 하고, 성도 간의 가치를 서로 인정할 수 있어야 합니다.

1. 교회 회원이 되는 자격은 신앙을 진정으로 고백해야 합니다. 그 고백을 한 번 직접 써 보세요.

_____ (마 16:16)

2. 교회의 회원이라면 구주 예수를 믿어 세례를 받은 자로 구원의 복음을 늘 전하고 그리고 나눠주고, 하나님 말씀을 늘 지키는 의무가 있습니다. 그렇게 할 때 예수님은 우리와 항상 함께하신다고 했는데 언제까지 그러시겠다고 말씀하셨나요?

"그러므로 너희는 가서 모든 민족을 제자로 삼아 아버지와 아들과 성령의 이름으로 세례를 베풀고 내가 너희에게 분부한 모든 것을 가르쳐 지키게 하라. 볼지어다. 내가 (   )까지 너희와 항상 함께 있으리라 하시니라"(마 28:19-20)

3. 회원이 되면 회원으로의 의무와 책임이 있습니다. 제일 중요한 것은 교회의 예배에는 빠지지 말고 참석해야 할 의무가 있다는 것입니다. 그리고 무엇에 힘써야 할까요?

"그들이 사도의 가르침을 받아 서로 (   )하고 (   )을 떼며 오로지 (   )하기를 힘쓰니라"(행 2:42)

4. 회원이 되면 각자 받은 은사가 있는데 그 은사를 하나님과 하나님의 일들을 위해 선한 청지기 같이 어떻게 하라고 하셨나요?

"각각 은사를 받은 대로 하나님의 여러 가지 은혜를 맡은 선한 청지기 같이 서로 (   )하라"(벧전 4:10)

5. 회원에 되면 어떤 사람은 사도로, 어떤 사람은 선지자로, 복음 전하는 자로, 목사로, 교사로의 여러 가지 역할로 일들을 감당하는데 이러한 봉사의 궁극적인 목적은 무엇을 세우는 것이라고 가르쳐주고 있나요?

"그가 어떤 사람은 사도로, 어떤 사람은 선지자로, 어떤 사람은 복음 전하는 자로, 어떤 사람은 목사와 교사로 삼으셨으니 이는 성도를 온전하게 하여 봉사의 일을 하게 하며 (   )을 세우려 하심이라"(엡 4:11-12)

6. 성경은 그리스도인에게 우리의 신분을 단정적으로 알려주십니다. 뭐라고 알려주고 있나요?

"사랑하는 자들아, 우리가 지금은 (   )라. 장래에 어떻게 될지는 아직 나타나지 아니하였으나 그가 나타나

시면 우리가 그와 같을 줄을 아는 것은 그의 참모습 그대로 볼 것이기 때문이니"(요일 3:2)

7. 그리스도인은 그리스도께서 우리를 사랑하신 것 같이 우리도 서로 사랑하는 것을 기본으로 생활의 방침도 성경에서 많이 주십니다. 그것들 중에 이름조차도 부르지 말 정도로 금한 것들을 성경 한 구절에서도 찾아볼 수 있습니다. 무엇 무엇일까요?

"(   )과 온갖 (   )과 (   )은 너희 중에서 그 이름조차도 부르지 말라. 이는 성도에게 마땅한 바니라"(엡 5:3)

8. 그리스도인은 죽어도 하늘나라에 갈 수 있는 특권이 주어집니다. 그래서 이 세상을 떠나게 될 때 천국에 입성하게 됩니다. 우리가 열차를 탈 때 표가 있듯이 성경에서도 우리가 하늘나라에 갈 때 주어지는 특권의 표가 있다고 했는데 그것을 뭐라고 했나요?

"그러나 우리의 (   )은 하늘에 있는지라 거기로부터 구원하는 자 곧 주 예수 그리스도를 기다리노니"(빌 3:20)

CHAPTER 16

승리의 생활

그리스도인에게는 유혹과 시험이 그림자처럼 따라다닙니다. 왜냐하면 사탄은 그렇게 호락호락한 존재가 아니기 때문입니다. 사탄의 집요한 공격을 받는다는 것은 바로 우리가 하나님의 자녀 된 증거이기도 합니다. 사탄은 우리를 넘어뜨리려고 온갖 수단과 방법을 다 쓰지만 하나님께서는 우리에게 힘을 주셔서 사탄을 이길 수 있도록 하십니다.

1. 시험은 괴롭지만 유익한 것입니다. 다음 성경을 읽고 물음에 답을 해 보세요.

"내 형제들아 너희가 여러 가지 시험을 당하거든 온전히 기쁘게 여기라. 이는 너희 믿음의 시련이 인내를 만들어 내는 줄 너희가 앎이라. 인내를 온전히 이루라. 이는 너희로 온전하고 구비하여 조금도 부족함이 없게 하려 함이라"(약 1:2-4)

1) 시험(시련)이 주는 유익은 무엇인지 2가지로 써 보세요.

_____ , _____

2) 시련을 통하여 예수님을 닮으려면 어떻게 해야 합니까?

_____

2. 그리스도인들은 살아가면서 반드시 시험을 맞이할 것이라고 했습니다. 그 시험을 대응하지 못하거나 하지 않게 된다면 하나님은 징계를 하신다고 하셨습니다. 다음 성경을 읽고 물음에 답을 해 보시기 바랍니다.

"또 아들들에게 권하는 것 같이 너희에게 권면하신 말씀도 잊었도다 일렀으되 내 아들아 주의 징계하심을 경히 여기지 말며 그에게 꾸지람을 받을 때에 낙심하지 말라. 주께서 그 사랑하시는 자를 징계하시고 그가 받아들이시는 아들마다 채찍질하심이라 하였으니 너희가 참음은 징계를 받기 위함이라. 하나님이 아들과 같이 너희를 대우하시나니 어찌 아버지가 징계 하지 않는 아들이 있으리요. 징계는 다 받는 것이거늘 너희에게 없으면 사생자요 친아들이 아니니라. 또 우리 육신의 아버지가 우리를 징계하여도 공경하였거든 하물며 모든 영의 아버지께 더욱 복종하며 살려 하지 않겠느냐. 그들은 잠시 자기의 뜻대로 우리를 징계하였거니와 오직 하나님은 우리의 유익을 위하여 그의 거룩하심에 참여하게 하시느니라. 무릇 징계가 당시에는 즐거워 보이지 않고 슬퍼 보이나 후에 그로 말미암아 연단 받은 자들은 의와 평강의 열매를 맺느니라"(히 12:5-11)

1) 하나님의 자녀들을 징계하시는 이유가 무엇인가요?(5-6)
   (   )

2) 징계(훈련)의 목적은 무엇입니까? 두 가지로 써 보세요.(10-11)
   ① _____

   ② _____

3. 우리가 징계나 어려운 환경을 통하여서 힘을 쌓아야 하는데 그래야지만 하는 원인이 있습니다. 왜냐하면 우리 삶을 방해하는

사탄의 세력이 만만치 않기 때문입니다. 다음 성경에서는 그 세력이 누구라고 가르쳐주고 있나요?

"우리의 씨름은 혈과 육을 상대하는 것이 아니요 통치자들과 권세들과 이 어둠의 세상 주관자들과 하늘에 있는 (　　　　　) 을 상대함이라"(엡 6:12)

4. 다음 성경을 읽으면서 각 숫자에 맞는 관계있는 낱말을 찾아 써보세요.

"그런즉 서서 진리로 너희 허리띠를 띠고 의의 호심경을 붙이고, 평안의 복음이 준비한 것으로 신을 신고, 모든 것 위에 믿음의 방패를 가지고, 이로써 능히 악한 자의 모든 불화살을 소멸하고, 구원의 투구와 성령의 검 곧 하나님의 말씀을 가지라"(엡 6:14-17)

1) 진리　(　)
2) 의　　(　)
3) 평안　(　)
4) 믿음　(　)
5) 구원　(　)
6) 성령　(　)

ⓐ 검(=하나님의 말씀)
ⓑ 방패
ⓒ 허리띠
ⓓ 복음
ⓔ 호심경
ⓕ 투구

5. 결국 하나님께 부르심을 받은 그리스도인들은 어떤 자세로 살아가야 하나요?

"그리고 맡은 자들에게 구할 것은 (　　　)이니라"(고전 4:2)

6. 부르심에 합당한 삶을 살아가는 진정한 목적이 무엇이라고 성경은 말하나요?

"하나님의 약속은 얼마든지 그리스도 안에서 예가 되니 그런즉 그로 말미암아 우리가 아멘하여 (　　　　　)을 돌리게 되느니라"(고후 1:20)

정답

CHAPTER 1 죄

1. 불법

2. 의인

3.

   1) 사망

   2) 심판

4.

   1) ⓓ 죽음(사망)

   2) ⓐ 하나님과 원수가 됨

   3) ⓔ 영원한 형벌

   4) ⓑ 하나님의 진노를 사게 됨

   5) ⓒ 심판을 받음

CHAPTER 2 하나님의 사랑

1. 죄악

2. 원수

3. 예수 그리스도

4. 독생자

5. 쉬

6. 나로 말미암지 않고는

7. 아버지

8. 은혜

CHAPTER 3 회개

1. 죄를 자백

2. 다시 기억하지 아니하리라

3.
   1) ⓑ 자백하는 것
   2) ⓐ 뉘우치는 것
   3) ⓓ 갚는 것
   4) ⓒ 부끄러운 행동을 버리는 것

4.
   1) ⓕ 눈과 같이 희어짐
   2) ⓓ 죄가 안개처럼 사라짐
   3) ⓒ 내 모든 죄악을 없애주심
   4) ⓐ 멸망의 구덩이에서 건져주심, 모든 죄를 용서하심
   5) ⓑ 죄를 기억하지 않으심
   6) ⓔ 불의에서 깨끗해짐

CHAPTER 4 신앙

1. 하나님
2. 영접하는 자 곧 그 이름을 믿는 자들
3.
    1) 문 밖에 서서 두드리노니
    2) 내 음성을 듣고
    3) 문을 열면
4. 네가 만일 네 입으로 예수를 주로 시인하며 또 하나님께서 그를 죽은 자 가운데서 살리신 것을 네 마음에 믿으면 구원을 받으리라(롬 10:9)
    1) 예수님을 주로 시인하는 것(입으로 시인)
    2) 예수님이 죽은 자 가운데서 다시 사신 것을 믿는 것(마음으로 믿음)
5. 그리스도, 하나님의 아들
6. 예수 그리스도
7. 그리스도의 말씀
8. 영생
9. 부활, 생명

CHAPTER 5 중생

1. 새로운 피조물

2. 그리스도 예수

3. 하나님의 자녀

4. 씻음, 거룩함, 의롭다 하심

5. 하나님의 성전, 하나님의 성령

6. 그리스도의 지체, 그리스도의 지체

7. 소금, 소금, 빛

CHAPTER 6 구원의 확신

1. 영생

2. 아들

3. 내 말을 듣고, 나 보내신 이를 믿는 자

4. 하나님의 아들

5. 하나님의 자녀

6. 계명

7. 죄

8. 어둠

9. 사랑, 사랑

10. 하나님의 사랑

11. 하나님께 나아감

CHAPTER 7 그리스도인의 생활 1

1.
    1) 대상: 거룩한 이
    2) 이유: 거룩하기 때문
    3) 범위: 모든 행실

2. 하나님

3. 그리스도

4. 떡, 말씀

5. 기도

6. 증인

7. 청지기

CHAPTER 8 그리스도인의 생활 2

1.
    1) 온 집안
    2) 복종

3) 자신을 주심

　　4) 순종

　　5) 교훈, 훈계

2. 불

3.

　　1) 소금, 소금

　　2) 빛

4. 착함, 의로움, 진실함

5. 그리스도의 향기

6. 가지

CHAPTER 9 성장

1.

　　1) 젖

　　2) 육신

　　3) 시기, 분쟁

2. 그리스도 예수의 마음

3. 대속물

4. 부름의 상

5.

1) 말씀

2) 양식, 양식, 양식

3) 성경

CHAPTER 10 성경

1. 하나님

2. 교훈, 책망, 바르게, 의로 교육

3.

   1) 구약성경

      (1) 율법서(5권): 창세기, 출애굽기, 레위기, 민수기, 신명기

      (2) 역사서(12권): 여호수아, 사사기, 룻기, 사무엘상, 사무엘하, 열왕기상, 열왕기하, 역대상, 역대하, 에스라, 느헤미야, 에스더

      (3) 시가서(5권): 욥기, 시편, 잠언, 전도서, 아가

      (4) 예언서(17권)

         A. 대예언서(5권): 이사야, 예레미야, 예레미야애가, 에스겔, 다니엘

         B. 소예언서(12권): 호세아, 요엘, 아모스, 오바댜, 요나, 미가, 나훔, 하박국, 스바냐, 학개, 스가랴, 말라기

   2) 신약성경

  (1) 4복음서(4권): 마태복음, 마가복음, 누가복음, 요한복음

  (2) 역사서(1권): 사도행전

  (3) 서신서(21권)

    A. 바울서신(13권)

      a. 교리서신(4권): 로마서, 고린도전서, 고린도후서, 갈라디아서

      b. 옥중서신(4권): 에베소서, 빌립보서, 골로새서, 빌레몬서

      c. 목회서신(3권): 디모데전서, 디모데후서, 디도서

      d. 일반서신(2권): 데살로니가전서, 데살로니가후서

    B. 공동서신(8권): 히브리서, 야고보서, 베드로전서, 베드로후서, 요한일서, 요한이서, 요한삼서, 유다서

  (4) 예언서(1권): 요한계시록

4. 생명

CHAPTER 11 하나님

1. 영

  1) ⓓ 진정으로

  2) ⓒ 믿음으로

  3) ⓐ 감사함으로

4) ⓑ 하나님의 음성으로

2.

1) 빛, 어둠

2) 구원받지 못한 사람

3. 사랑

4.

1) ⓓ 하나님은 어디에나 계십니다.

2) ⓔ 하나님은 무궁한 권세를 가지셨습니다.

3) ⓒ 하나님은 전능하십니다.

4) ⓑ 하나님은 전지하십니다.

5) ⓐ 하나님은 한 분이십니다.

6) ⓕ 하나님은 영원히 다스리십니다.

CHAPTER 12 예수 그리스도

1.

1) ⓙ 12지파 중 한 지파

2) ⓕ 누구의 후손

3) ⓐ 출생지

4) ⓖ 부모 이름

5) ⓑ 자라신 곳

6) ⓒ 직업

7) ⓘ 전도를 시작하신 나이

8) ⓓ 돌아가신 장소

9) ⓔ 부활하신 후 나타내 보이신 시간

10) ⓗ 승천하신 장소

2.

1) ⓓ 죽은 자를 살리심

2) ⓔ 만물을 보전하고 죄를 깨끗하게 하심

3) ⓐ 태초부터 하나님과 함께하신 하나님

4) ⓑ 영원토록 동일하심

5) ⓒ 만물을 창조하심

3. 말씀

4. 독생자

5. 죄, 죄

6. 하나님 우편

7. 능력, 영광

CHAPTER 13 성령님

1. 하나님의 영

2. 근심, 인치심

3. 주

4. 유익, 자유

5. 사-회-화-인-자-양-충-온-절

　사랑, 희락, 화평, 오래 참음, 자비, 양선, 충성, 온유, 절제

CHAPTER 14 교회

1. 예수님

2. 그의 몸(=예수님의 몸)

3. 그(=예수님)

4. 제자

CHAPTER 15 교회 회원

1. "주는 그리스도시요 살아 계신 하나님의 아들이시니이다"

2. 세상 끝날

3. 교제, 떡, 기도

4. 봉사

5. 그리스도의 몸

6. 하나님의 자녀

7. 음행, 더러운 것, 탐욕

8. 시민권

CHAPTER 16 승리의 생활

1.

   1) 인내, 부족함이 없게 한다

   2) 인내를 온전히 이루라

2.

   1) 사랑하시기 때문

   2) ① 하나님의 거룩하심에 참여하게 하시려고

      ② 의와 평강의 열매를 맺게 하시려고

3. 악의 영들

4.

   1) ⓒ 허리띠

   2) ⓔ 호심경

   3) ⓓ 복음

   4) ⓑ 방패

   5) ⓕ 투구

   6) ⓐ 하나님 말씀

5. 충성

6. 하나님께 영광

메모